SOUSCRIPTION.

MÉDAILLE

En mémoire du Passage

DE S. A. R. MADAME,

Duchesse d'Angoulême,

DANS LA VENDÉE,

LES 17, 18 ET 19 SEPTEMBRE 1823.

A BOURBON-VENDÉE, IMPRIMERIE DE FERRÉ.

1824.

Liste des Souscripteurs.

MÉDAILLE

En mémoire du Passage de S. A. Royale MADAME, *Duchesse d'Angoulême, dans la Vendée, les 17, 18 et 19 Septembre 1823.*

MEMBRES DE LA COMMISSION.

MM.	NOMBRE de Médailles.
LE lieutenant-gén.^{l} DE SAPINAUD, président, *demeurant à la Gaubretière.*	10
De Curzay, préfet, . *Bourbon-Vendée.* .	20
Mgr l'évêque, . . *Luçon.*	10
Dupérat, maréchal-de-camp, commandant le département, . . *Bourbon-Vendée.* .	10
De la Bassetière, commandant de la garde d'honneur, . . *le Poiroux.*	5
Le ch.^{er} de Chantreau, membre du conseil g.^{al}, *Luçon.*	5
De la Fontenelle, conseiller à la cour royale de Poitiers, conservateur des antiquités de la Vendée, . . *Poitiers.*	5
Bourbon, conseiller de préfecture, trésorier de la Commission, . *Bourbon-Vendée.* .	3

SOUSCRIPTEURS

Inscrits suivant les dates des Souscriptions.

LEURS EXCELLENCES		NOMB. de Médail.
Le ministre de la guerre, . . .	Paris.	200
Le ministre de l'intérieur, . . .		50
Le ministre des affaires étrangères,		50
Le ministre de la maison du Roi,		25
Le ministre de la justice, . . .		20
Le ministre des finances, . . .		15
Le ministre de la marine, . . .		6
MM.		
Le lieutenant-général Despinois, commandant la 12.ème division militaire, . *Nantes.* .		4
Le comte de la Roche-S.-André, député de la Vendée, . *les Landes-Genusson.* . .		2
Duplantys, secrét.-gén.^{l} de la Vendée,	Bourbon-Vendée.	1
Rousseau, conseiller de préfecture,		2
Tardy, *idem*, ...		1
Tassin de Vallière, receveur-général,		10
Auvynet, sous-préfet, . *les Sables.* . .		5
Le c.^{te} de Mesnard, pair de France, 1.er écuyer de S. A. R. Mme la duchesse de Berry, .		4
De St-Hubert, maréchal-de-camp, *la Verrie.*		2
L. de Clock, ...	Bourbon-Vendée.	1
Lafargue, employé de la préfecture,		1
De Rochecave (Paul), vérificateur des poids et mesures, ...		1

MM.	NOMB. de Médail.
M.me v.e de Puytesson née de Tinguy, propriétaire, . . *Chauché.*	1
Delépine, architecte, . *Bourbon-Vendée.* .	1
De Regnon, membre du conseil-général, . . *Sainte-Pexine.* .	1
Caillaud, ancien chef de division, *le Bourg.*	1
Dandeville, direct.r des domaines, *Bourbon-V.*	1
Durand-Coupé, inspect.r des domaines, . *ibid.*	1
Bonnard, *idem*, . *Fontenay.*	1
Lepelletier, vérificat.r des domaines, *Bourbon-Vendée.*	1
Simonnet, *idem*, . . *Bourbon-Vendée.*	1
Turin, garde-magasin du timbre, . *Bourbon-Vendée.*	1
Lansier, recev.r de l'enregistrement, *Bourbon-Vendée.*	1
Mouton, *idem*, . . . *Challans.* .	1
Fournier, *id.*, . . . *Chantonnay.*	1
Palliot, *id.*, . . . *Fontenay.* .	1
Dehargues, *id.*, . . . *ibid.* . .	1
Richard, *id.*, . . . *l'Ile-Dieu.*	1
Causnier, *id.*, . *la Châtaigneraye.*	1
Dénécheau, *id.*, . . *les Herbiers.* .	1
Gaby, *id.*, . . *les Moutiers.* .	1
Funel, *id.*, . . *les Sables.* .	1
Levêque, *id.*, . . *Luçon.* . .	1
Poydavant, *id.*, . . *Maillezais.* .	1

MM.

		NOMB. de Médail.
Poulin-Furtière, receveur de l'enregistrement, . .	*Montaigu.*	1
David, *idem*, .	*Noirmoutiers.*	1
Brocqua, *id.*, .	*Pouzauges.* .	1
Brancheu-Fontenelle, *id.*, .	*Saint-Gilles.* .	1
Goyer-Linguet, *id.*, .	*S.te-Hermine.*	1
Basse, commis de l'entrepôt,	*Bourbon-V.dée.*	2
Gouron-Boisvert fils, .	*Mareuil.* . .	1
Le ch.er Duchesne de Denant, maire, chev.er de Saint-Louis, ...	*Bourbon-Vendée.*	1
Dautrive, 1.er adjoint, ...	*Bourbon-Vendée.*	1
Biré, 2.me adjoint, ...	*Bourbon-Vendée.*	1
Pomeroy, membre du conseil m.pal,	*Bourbon-Vendée.*	2
Duchiron, *idem*, ...	*Bourbon-Vendée.*	1
Joyaud, *id.*, ...	*Bourbon-Vendée.*	1
Colin, *id.*, ...	*Bourbon-Vendée.*	1
Dupuy, *id.*, ...	*Bourbon-Vendée.*	1
Roy, *id.*, ...	*Bourbon-Vendée.*	1
Mallet, vicaire, *id.*, ...	*Bourbon-Vendée.*	1
Choblet, *id.*, ...	*Bourbon-Vendée.*	1
Danycan, *id.*, ...	*Bourbon-Vendée.*	1
De Piennes, *id.*, ...	*Bourbon-Vendée.*	1
Démé, *id.*, ...	*Bourbon-Vendée.*	1
Biron, *id.*, ...	*Bourbon-Vendée.*	1

MM.	NOMB. de Médail.
Le lieut.^{t}-gén.^{l} de la Houssaye, inspect.^{r}-gén.^{al} de gendarmerie.	1
Le chev.^{er} de Calté, anc.^{n} cap.^{ne} de gend.^{rie}.	1
Guérin d'Agon, capit.^{ne} de gend.^{rie}, } *Bourbon-Vendée.*	1
De Beaufort, lieut.^{t} de gendarmerie, }	1
De la Rochebrochard, *idem*, . *les Sables.*	1
Igier, sous-lieutenant quartier-maître-trésorier de gendarmerie, . *Bourbon-Vendée.*	1
Caille-Desmares, s.-lieut. de gend.^{rie}, *les Herbiers.*	1
D'Albizzi, surnum.^{re} des cont.^{ons} d.^{tes}, } *Bourbon-Vendée.*	1
Cahagnet, secrétaire de la mairie, . }	1
Pertuzé, employé de la mairie, . }	1
Delavau, propriétaire, . . . }	1
Bolleteau, desservant, . *Ardelay.* . .	1
Mme v.^{e} Guignard, dir.^{ce} de la poste, *les Herbiers.*	1
Hullin, maire, . . *Mortagne.* . .	1
Laval aîné, propriétaire, . *Fontenay.* .	1
Laval jeune, receveur particulier, . *ibid.* .	1
Dedion-d'Aumont, percepteur, . *Triaize.*	2
Petit-Laurent, *id.*, *S.-Pierre-le-Vieux.*	1
Martineau, vérif.^{r} des poids et m.^{res}, *Fontenay.*	1
Bailly fils, . . *les Essarts.*	1
Payraudeau (V.-L.), percepteur, *Belleville.*	1
Babinot (J.^{n}), *idem*, . *le Poiré.*	1

MM.	NOMB. de Médail.
Le lieut.-g.al Bonnamy, offic.r de la lég.n d'h.eur, chev.er de S.t-Louis, . *la Flocelière.* .	1
Buor de l'Éraudière, ...	1
Goupilleau, dir.r de la poste aux lett.s, *Bourbon-V.*	1
De la Bassetière père, propriétaire, *le Poiroux.*	1
Allut, imprimeur, *Bourbon-Vendée.* . .	1
Bouron (J.n), maire, . *Aubigny.* .	1
Birotheau (F.çois), percepteur, *la Mothe-Achard.*	1
M.me Bacqua v.e Birotheau, prop.re, *Bourbon-V.*	1
Houdart, directeur de la poste, .	1
Gruet, direct.r des contrib.ons ind.es, *les Sables.*	1
Gruet fils, ...	1
Lointier, recev.r des cont.ons ind.es, *les Moutiers.*	1
Guyot, commis des contrib.ons indir.es, *ibid.* .	1
Garreau, recev.r des cont.ons ind.tes, *S.-Gilles.*	1
Leclerc, commis des cont.ons ind.es, . *ibid.* .	1
Gosse, recev.r des cont.ons indir.es, *Palluau.*	1
Royé, percepteur, . *Chavagnes-en-Paillers.*	1
Hullin, desservant, *Saint-Sulpice-le-Verdon.*	1
Douillard, aubergiste, . *l'Herbergement.* .	1
De Suzannet fils (Louis), . *Orléans.* . .	1
Bégaud (J.ques), conseiller m.pal, *Chavagnes.*	1
Gaumerieux (C.-F.), gendarme, *l'Herbergement.*	1
Duval (P.re), ancien militaire, *Chavagnes.*	1

MM.	NOMB. de Médail.
Bernier (J.^{n}-P.^{re}), institut.^{r} primaire, *Bourbon-V.*	1
Leplat-Duplessis, rec.^{r} p.^{pal} des C.^{ns} indir.^{tes}, *ibid.*	1
Berthomé (J.^{n}-P.^{re}), prop.^{re}, *la Chaize-le-Vte*	1
Mlle Plivart (Eugénie), dir.^{ce} de la poste, *S.-Gilles.*	1
Chanson, greffier de la justice de paix, *Fontenay.*	1
Le m.^{is} de la Bretesche, . *Torfou.* . . .	1
Gourraud (P.^{re}-J.^{ques}), ancien cap.^{ne} de paroisse, *les Landes-Genusson.*	1
De la Pinière, percepteur, . *Tiffauges.* .	1
Le ch.^{er} de Morisson, percept.^{r}, . *Mareuil.*	1
Tessier (Jacques), propriétaire, . *Mareuil.*	1
Mairand (Jacques), instituteur, . *Mareuil.*	1
Massicot, propriétaire, ... *Cugand.*	1
Rodier, percepteur, . . . *Saint-Fulgent.* .	1
Dubois, employé de la préf.^{re}, *Bourbon-V.^{dée}.*	1
Pionnier, entreposeur des tabacs, *Fontenay.*	1
Grelier du Fougeroux, juge de paix, ... *la Chapelle-Thémer.*	1
Grelier fils (Ernest), *ibid.*	1
Vidal, percepteur provisoire, *Ste-Hermine.*	1
De Faymoreau, maire, . *Faymoreau.* .	1
Goicheau, desservant, *ibid.*	1
Tessier, percepteur, ... *Maillezais.*	1
Rocher, chirurgien et juge de paix, *ibid.* .	1

MM.		NOMB. de Médail.
Giraud, curé, . . .	*Maillezais.* . .	1
Josnon, maire, ...	*ibid.*	1
Roulleau, percepteur,	*Bazoges-en-Pareds.*	1
Duchesne, ch.r de S.-Louis,	*la Gaubretière.*	1
Forestier, juge de paix, . . .	*ibid.* .	1
Maunereau, percepteur, .	*Beaurepaire.* .	1
Papin, curé, ...	*les Essarts.*	1
Chauvin, maire, ...	*les Essarts.*	1
Desiran, notaire et adjoint, . .	*les Essarts.*	1
Laisant, juge de paix, ...	*les Essarts.*	1
Papaillon, instituteur, ...	*les Essarts.*	1
Gautraye, percepteur, ...	*les Essarts.*	1
Rigaud, géom.e en chef du cadastre,	*Bourbon-V.*	1
Berthelot, géomètre, .	*les Magnils.* . .	1
Delacour, *idem*, ...	*Bourbon-Vendée.*	1
Gelineau, *id.*, ...	*Bourbon-Vendée.*	1
François, *id.*, ...	*Bourbon-Vendée.*	1
Geslin, *id.*, ...	*Angers.* .	1
Petit-Duvignaud, secrét.re part.er du préfet des Côtes-du-Nord, .	*Saint-Brieux.* .	8
M.elle Leloutre, direct.ce de la poste, .	*ibid.* .	1
D'Hillerin de Boistissandeau, chev.er de S.-Louis, ancien chef de division, .	*Ardelay.* .	1
M.me v.e Bourbon, propriétaire, .	*ibid.* .	1

MM.		NOMB. de Médail.
Desnouhes (Alexis-Louis), prop.[re],	*S.-Paul.*	1
Le c.[te] de Chabot, anc.[n] chef de div.[on],	*Mouchamps.*	1
Le v.[te] de Chabot, . *idem*, .	*Mouchamps.*	1
De Chabot (Alex.[dre]), propriétaire,	*Mouchamps.*	1
Mme la b.[ne] de Rascas née de Chabot, *id.*	*Mouchamps.*	1
Mlle de Chabot, ... *id.*	*Mouchamps.*	1
Mercier de l'Epinay, ch.[er] de S.-Louis,	*Beaulieu.*	1
Pelletier, chirurgien, . . .	*ibid.*	1
Arnaud, maire, .	*Belleville.* . .	1
Bonnet, percepteur, .	*Corbaon*, . .	1
De Chantreau, sous-préfet, .	*Beaupreau.*	2
Mme de Chantreau, propriétaire, .	*Luçon.*	1
Mlle de Chantreau (Marg.[te]), *id.*, .	*Niort.*	1
Mlle de Chantreau (Agathe), *id.*, .	*ibid.*	1
De la Rochette, *id.*, .	*Nantes.*	1
De Sainte-Gemme, sous-préfet, .	*Loudun.*	1
Renou, anc.[en] offic.[r] sup.[r] vendéen, .	*ibid.*	1
Rouzeau-Girardière, notaire et adj.[t],	*Mareuil.*	1
Le ch.[er] de Béjarry (Aug.[te]), maire,	*S.-Florent.*	1
Basse, percepteur, . . .	*ibid.*	1
Le m.[is] de Regnon, insp.[teur] des postes à l'armée d'Espagne.		25
Fonteneau, percepteur,	*la Chaize-le-Vicomte.*	1

MM.	NOMB. de Médail.
Le comte de la Roche-St-André, capitaine de vaisseau, . . *Rochefort.* . . .	6
De la Roche S.-André (Benj.^{in}), *la Mothe-Achard.*	1
De Mauclerc (Alex.^{dre}), prop.^{re}, *S.-Christophe.*	1
De la Bassetière (Constant), anc.^{n} chef de div.^{on}, . . *la Mothe-Achard.* .	1
De Tinguy, maire, chev.^{r} de S.-Louis, } *S.-Fulgent.*	1
Bétuis, curé, ... }	1
Rabreau, anc.^{n} capitaine de paroisse, }	1
Majou des Grois, percepteur, *Mouchamps.* .	1
Deligny (L.-G.E.), greffier de la justice de paix, . . . *les Moutiers.* . .	1
Raffin (Ch.), instituteur primaire, *St-Cyr.* .	1
Le comte de Mornac, maire, ch.^{er} de S.-Louis, ... *Beaufou.*	1
Mme la c.^{tesse} de Mornac, propriétaire, *ibid.* .	1
De Mornac, col.^{el} d'état-major, armée d'Espagne.	1
Mme de Mornac, jeune, propriétaire, *Beaufou.*	1
Pavois, maire, *Saint-Philbert-de-Bouaine.* .	1
Brunet-Lagrange, percep.^{r} prov.^{re}, *la Bruffière.*	1
Mme de Martel, propriétaire, *la Rabatelière.*	6
Mme la marq.^{se} d'Orvault, *idem.* . *Nantes.* .	1
Mangeot de la Touche, . *idem*, . *les Sables.*	1
Germain, percepteur, . . . *ibid.* .	1

MM.		NOMB. de Médail.
Camus, recev.r pr.pal des douanes,	*les Sables.*	1
Rauturier, commissaire de police, .		1
Postaire, conducteur de travaux, .		1
Augereau, *idem*, . . .		1
Devillers, inspecteur des douanes,		1
Chaigneau, secrétaire de la mairie,		1
Coppat, maire, ...		1
Birotheau des Burondières, président du tribunal, ...		1
Michel, juge d'instruction, . .		1
Regain, juge, ...		1
Charrier, procureur du roi, . .		1
Dautriche, substitut du proc.r du roi,		1
Delange, avocat, ...		1
Dupleix, *id.*, ...		1
Grolleau, commis-greffier, . . .		1
Dugas, receveur municipal, . .		1
Valentin, visiteur des douanes, .		1
Albert, receveur particulier, . .		2
Hervouet, supér.r du petit séminaire,		1
De Mauclerc (Auguste), maire,	*S.-Christophe.*	1
Pinson, percepteur, ...	*ibid.* . .	1
Deroche, maire,	*les Moutiers-les-Mauxfaits.*	1
Sapin, juge de paix, .	*ibid.*	1

MM.		NOMB. de Médail.
Réal, percepteur, . . .	*Palluau.* .	1
Menoult, propriétaire, . . .	*ibid.* .	2
Laidin, percepteur, .	*Sallertaine.* . .	1
Le comte de Saint-Denis, maire.	*Avrillé.* .	2
Portas, faisant fonctions de percepteur, ...	*les Moutiers.* .	1
Palvadeau, percepteur, ...	*S.-Cyr.*	1
Deshommes-d'Archiais, maire, .	*S.-Cyr.*	1
Dugast, desservant, ...	*S.-Cyr.*	1
Remaud, *idem*, ...	*Maché.* .	1
Macé de la Barbelais, maire, .	*ibid.* .	1
Bruhat, desservant, . .	*Apremont.*	1
Cretez, percepteur, ...	*ibid.* .	1
D'Hastrel j.e, *id.*, . .	*Longeville.*	1
Ledolledec, desservant, . .	*ibid.* .	1
De la Rochefoucault, maire, chev.er de Saint-Louis, ...	*La Garnache.*	1
Grenet, percepteur, ...	*La Garnache.*	1
Billon, conseiller municipal, . .	*La Garnache.*	1
Groussin, ancien officier vendéen,	*La Garnache.*	1
Rioux, percepteur, . .	*Jard.* .	1
Baumelle (J.n), anc.n off.er vendéen,	*le Poiré.*	1
Arnaud-Brézardière, *id.*, . .	*le Poiré.*	1
Garreau (P.re-André), *id.* . .	*le Poiré.*	1

MM.	NOMB. de Médail.
Faveroul (J.ⁿ-M.ⁿ), anc.ⁿ off.ʳ vend.ⁿ, *le Poiré.*	1
Sellier (J.ques-Ch.), *id.*, . . . *le Poiré.*	1
Loué (Jean), *id.*, . . . *le Poiré.*	1
Gauthier de la Milière, propriétaire, *le Poiré.*	1
Martin-Dumagny, juge de paix, *les Herbiers.*	1
Des Abbayes, anc.ⁿ chef de div.ⁿ, *Bourbon-V.dée.*	2
De Rochecave, contrôleur des contrib.ˢ directes, . . *Fontenay.* .	1
Brunet fils, percepteur, . *le Boupère.* .	1
Majou de la Débuttrie, maire, *Rochetrejoux.*	1
O'Murphy, employé à la préf.re, *Bourbon-V.dée.*	1
Le chev.er de Barbarin, percepteur, *Aizenay.*	1
Borgnet (P.re), propriétaire, . *Aizenay.*	1
De la Maronnière (Aug.te), *id.* . *Aizenay.*	1
Ordonneau (J.-M.-E.-P.), secrétaire de la mairie, ... *Aizenay.*	1
De Rechignevoisin (Amable), prop.re, *Poitiers.*	1
De Saint-Germain, maire, . *Tillay.* . .	1
De la Fenestre, cap.ne aide-de-camp, *Bourbon-V.*	1
Thibault, débitant de tabac, . *la Bruffière.*	1
De Puyberneau (Sylv.re), prop.re, *S.-Sornin.*	2
Lombard-Bourbon, négociant, . *Troyes.* .	1
Matagrin, prop.re, *S.-Germain-près-Troyes.*	1
Querquy-la-Pouzaire, prop.re, . *Chauché.* .	1

MM.		NOMB. de Médail.
Morrelet, employé de la préf.[re],	*Bourbon-V.*	1
De Mouillebert, maire,	*S.-Martin-de-Fraigneau.*	1
Chevalier, percepteur, .	*l'Hermenault.* .	1
Arnault-Fauconnière, propriét.[re],	*Mouilleron.*	1
Serre, percepteur, .	*le Gué-de-Velluire.* .	1
Robert, maire, . .	*Vouillé.*	1
Mesnard, percepteur, .	*Saint-Mesmin.* .	1
Guillon, *id.*, . .	*Champagné.* . .	1
Charrier, *id.*, . .	*Chaillé.*	1
De Chataignier, maire, .	*Nieul.* . . .	1
Beurrey, percepteur, .	*Oulmes.* . . .	1
Le marquis de l'Espinay, maire, .	*Chantonnay.*	1
Majou, percepteur, ...		1
Babonneau, propriétaire, . . .		1
Baudin, médecin, ...		1
Maillaud, percepteur, .	*la Caillère.* .	1
Germon, notaire, . . .	*ibid.* . .	1
Godard, maire, . .	*l'Hermenault.* . .	1
David, percepteur, .	*Bournezeau.* . .	1
Esgonnière fils, maire, .	*ibid.* . . .	1
De Béjarry, *id.*, .	*S.t-Vincent.* .	1
De Citoys, *id.*, .	*Puymaufrais.* .	1
Mme de Citoys de la Ricotière, propriétaire. .		1
Mlle de Béjarry (Agathe),	*id.* . .	1

MM.	NOMB. de Médail.
Gauthier-Duperray (Alexandre), chirurgien, . . . *Bazoges.* .	1
Galichet (René), huissier, . *Mortagne.* .	1
Guignard (Ch.-Adrien), chev.er de S.t-Louis, . . *Beaurepaire.* .	1
Rubion (P.re-Athanase), greffier de la justice de paix, . *Mortagne.* . .	1
Baron, notaire, . *Montaigu.* . .	1
Belin, maire, chev.er de S.t-Louis, ancien chef de division, . . *la Melleraye.* . .	1
M.lle de Rechignevoisin, propriétaire, *Tillay.*	1
Le c.te de la Rochefoucault, *idem*, . *Paris.*	3
De Meulan, sous-préfet, *Fontainebleau.* . .	4
Hersart, anc.n cap.ne de volont.s royaux, *Nantes.*	1
Benesteau, notaire et maire, . *S.te-Cécile.* .	1
David, percepteur, ... *idem.* . .	1
Buor de Puissec, propriétaire, ...	1
Mercier-Colombière père, maire, *S.-Georges-de-Pointindoux.*	1
Macé de la Barbelais (Auguste), maire, *Challans.*	1
Batuaud (Florent), 1.er adjoint, . *ibid.* .	1
Laidet (Jacques), 2.e adjoint, . . *ibid.* .	1
Guérineau, curé, ... *ibid.* .	1
Barré, juge de paix, ... *ibid.* .	1
Biochaud, 1.er suppl.t du juge de paix, *ibid.*	1

MM.		NOMB. de Médail.
Janvier, greffier, ...	Challans.	1
Boux de Casson, conseiller m.^{pal}, .	Challans.	1
Martineau, ... *id.*, ...	Challans.	1
Laidin, ... *id.*, ...	Challans.	1
Perrochaud, ... *id.*, ...	Challans.	1
Gauthier, ... *id.*, ...	Challans.	1
Beriau, ... *id.*, ...	Challans.	1
D'Auvergne, recev.^{r} des contr.^{s} ind.^{es},	Challans.	1
Senleron, commis des contr.^{s} indir.^{es},	Challans.	1
Macé de la Barbelais (Alph.^{se}), prop.^{re},	Challans.	1
Lansier, médecin, ...	Challans.	1
Chartier, *id.*	Challans.	1
Labrousse, instituteur, ...	Challans.	1
Rousseau, huissier, ...	Challans.	1
Callot, garde-champêtre, ...	Challans.	1
Doucet, fermier, ...	Challans.	1
Bourgeois, percepteur, . . .	*la Verrie.* .	1
Dubroeücqz, propriétaire, .	*la Rochelle.* .	1
Chauveau, percepteur, .	*Venansault.* .	1
Mme Bien, née Bénigne Brochard, veuve d'un capit.^{ne} vendéen tué à Aizenay en 1815,	*les Landes-Genusson.* .	1
Brisson, docteur-médecin, memb.^{r} du conseil général de la Vendée, . .	*Fontenay.* .	1

MM.		NOMB. de Médail.
M.me Dugarreau née Sauzillon, prop.re,	Niort.	1
Monés-d'Elbouix, dir.r des cont.s ind.s,	Niort.	1
M.me v.ve Dambreüil née de Lescours, propriétaire, ...	Niort.	2
Le comte Alex.dre de Brémon, ancien page de Louis XVI, ...	Niort.	4
Bastide (Aristide), direct.r des cont.ons directes, ...	Niort.	1
Laglacière, entreposeur des tabacs,	Niort.	1
Morgand, maire, . . .	*Bouildroux.* . .	1
Le chev.er de Maynard (Benjamin),	*Luçon.*	2
Buor la Voye, propriétaire, .	*Corps.* .	1
Le comte de Beufvier, ancien grand-sénéchal du Poitou, .	*Abons (Vienne),* . .	1
Nivet, juge de paix,	*Bourbon-Vendee.* . .	1
Garnier, employé à la mairie, . . .	*les Sables.*	1
Alizart, avoué, ...	*les Sables.*	1
M.lle Achard, propriétaire, . . .	*les Sables.*	1
Crosnier, percepteur, . . .	*Angles.* . .	1
Laidin, *idem*, ...	*le Perrier.*	1
Fleury, instituteur, ...	*le Perrier.*	1
Chartier (Pierre), ...	*le Perrier.*	1
Baud (Jacques), ...	*le Perrier.*	1
Taugeron (Jacques), ...	*le Perrier.*	1
Fradin (Jean), ...	*le Perrier.*	1

MM.		NOMB. de Médail.
Briton, débitant de tabac, ...	*le Perrier.*	1
Couton (Jacques), ...	*le Perrier.*	1
Fradin (Jacques), ...	*le Perrier.*	1
Babu (Jacques), ...	*le Perrier.*	1
Naulleau (André), ...	*le Perrier.*	1
Laidin (Jacques), *S.t-Jean-de-Mont.* . . .		1
Gloriau (Jean), . . . *le Perrier.* . . .		1
Guillet, percepteur, *Notre-Dame-de-Mont.*		1
Gazeau de la Boissière, membre du conseil g.ral, maire, ...	*Grosbreuil.*	1
M.me Duparc née Baudry, . . .	*Grosbreuil.*	1
Duparc, ancien officier vendéen, .	*Grosbreuil.*	1
Mercier de l'Épinay, maire, *la Chapelle-Achard.*		1
Maussion, percepteur, . . *Grosbreuil.* .		1
Gandillon, vicaire-général, ...		1
Seguin, desservant, ...	*Coëx.*	1
Chaillou, maire, ...	*Coëx.*	1
Fradet-Servantière, ...	*Coëx.*	1
Elineau, ...	*Coëx.*	1
Brevet (Laurent), ...	*Coëx.*	1
Chassin, ...	*Coëx.*	1
Guérineau, ...	*Coëx.*	1
Mignet, fils, percepteur, *Landevielle.* . . .		1
Maroilleau, père (François), . . .	*l'Aiguillon.*	1
Maroilleau, fils aîné, ...	*l'Aiguillon.*	1
Poiret, gendarme, ...	*l'Aiguillon.*	1

MM.		NOMB. de Médail.
Giron, juge de paix, ...	Saint-Gilles.	1
Georget, percepteur, ...		1
Mathé (Louis), instituteur, . .		1
Coulon, ad.^{teur} des classes de la marine,		1
Dupuis (Jacq.^{s}), syndic de la marine,		1
Plivard (Ant.^{ne}), visiteur des douanes,		1
Barriera, commis au bur.^{u} des douanes,		1
Raynaud (Jacques-Désiré), ...		1
Hommassel, recev.^{r} p.^{pal} des douanes,		1
Rebulet, receveur des douanes, .	*Riez.* .	1
Èliot (M.-P.^{re}), anc.^{n} cont.^{r} des douanes,	*St-Gilles.*	1
Abrieux, gendarme de la marine, . .	*id.* .	1
Petit, maire, ...	Croix-de-Vie.	1
Toublanc, adjoint, ...		1
Robion, maître de port, ...		1
Veronneau (J.-N.), anc.^{n} vendéen,		1
Bouquard (J.-B.), boulanger, . .		1
Bernard (Pierre), débitant de tabac,		1
Veillon, garde-dunes, ...		1
Bresson, . *id.*, ...		1
Bachelet, cont.^{r} de brig.^{e} des douanes,		1
Gindicelly, lieut.^{t} d'ordre des douanes,		1
Bosque, lieutenant de douanes, .		1
Bonjour, lieut. d'ordre des d.^{nes},	*S.-Hil.^{re}-de-Riez.*	1

MM.	NOMB. de Médail.
Pougnet, lieut.[t] d'ordre des douanes, *la Gachère.*	1
Allain, lieut.[t] de douanes, . *S.t-Hilaire.* .	1
Bachelet, *id.*	1
Chetiveau, sous-lieutenant de douanes. . .	1
Heusler, lieutenant de douanes, . *Riez.* .	1
Lemonnier, *id.*	1
Cottin, *id.*, . *Croix-de-Vie.* . .	1
Gaslande, *id.*	1
Lemétayer, *id.*, . . . *le Fenouillé.* .	1
Guérente, *id.*	1
Renaudeau, *id.*, . . . *Bretignolles.* .	1
Charrier, *id.*	1
Leconte, *id.*	1
Chavantré, *id.*	1
Leflambe, *id.*	1
Moreau, sous-lieutenant de douanes. . . .	1
Noleau, *idem.*	1
Guazdoné, *id.*	1
Roho, *id.*	1
Simon, *id.*	1
Blanchardière, *id.*	1
Carpentier, *id.*	1
Gazeau (Désiré), maire, chev.[r] de St-Louis, ancien garde-du-corps, . *Sainte-Foy.* .	1

MM.		NOMB. de Medail.
Fortin, chev.r de S.t-Louis, percept.r,	*Saint-Jean-de-Mont.*	1
Michon, juge de paix, ...		1
Buchoul (Maurice), cultivateur, .		1
Arthus (Pierre), *id.*, . . .		1
Touton (Louis), *id.*, . . .		1
Viaud (Pierre), *id*, . . .		1
Chartier (Louis), cultiv.r aux Guilelles,		1
Brochard (Aug.tin), cultiv.r, . .		1
Chartier (René), *id.*, . . .		1
Fortin (Pierre-Martin), *id.*, . . .		1
Piberne (François), *id.*, . . .		1
Pajot (Pierre-Martin), *id.*, . . .		1
Milcent (Denis), *id.*, .	*le Perrier.* .	1
Bernard (Charles), propriétaire, .	*ibid.* . .	1
Arthus (Guillaume), cultiv.r,	*N.-D.-de-Mont.*	1
Guitonneau (François), *id.*,	*S.-Hilaire-de-Riez.*	1
Péau (Louis-Paulin), *id.*, . .	*ibid.* . .	1
Guitonneau (Pierre), *id.*, . .	*ibid.* . .	1
Guitonneau (Thomas), *id.*, .	*Soulans.* . .	1
Mériau (Pierre), *id.*,	*S.-Jean-de-Mont.*	1
Guyon (Etienne), *id.*,	*S.-Hilaire-de-Riez.*	1
Guyon (Jean), *id.*,	*ibid.* . . .	1
Guyon (François), *id.*,	*ibid.* . . .	1
Garnier, secrétaire de la mairie,	*Vouillé.* .	1

MM.		NOMB. de Médail.
Allaire, percepteur, . .	*Sérigné.* . . .	1
Devilliers, *id.*, .	*S.t-Germain-de-Prinçay.*	1
Arignon René), garde-champêtre,	*Champagné.*	1
Violleau, percepteur, ...	*Nalliers.*	1
Poiron, desservant, ...		1
Charrier, maire, ...		1
Nauleau fils, ancien adjoint, . .		1
Bodin, instituteur, ...		1
Bienvenu, percepteur, ...	*la Flocelière.*	1
De Théroneau, maire, ...		2
Gauthier (Julien), propriétaire, .		1
Barbot, maire,	*S.-Michel-Mont-Mercure.* .	1
Barbot fils, notaire, .	*la Flocelière.* . .	1
Prunier, garde-champêtre,	*ibid.* . . .	1
Pineau, percepteur, .	*Doix.*	1
Lamontagne, *id.*,	*le Langon.*	1
Rond, *id.*, . .	*Loge-Fougereuse.* .	1
Lacombe, *id.*, . .	*le Poiré-s.s-Velluire.*	1
Delarose, maire, . .	*Palluau.*	1
Jandin, juge de paix,	*ibid.*	1
Gilardeau, maire, .	*la Chapelle-Palluau.*	1
De Morisson (Honoré-Benj.in), prop.e,	*S. Florent.*	1
De Morisson (Charles), *id.*, .	*ibid.* .	1

MM.	NOMB. de Medail.
De Morisson (Désiré), employé au cadastre, . . *Bourbon-Vendée.*	1
De Morisson (Prosper), avocat, . *ibid.* . .	1
Boissorin, juge de paix, ... *les Moutiers-sur-le-Lay.*	1
Boissorin aîné, propriétaire, . . *les Moutiers-sur-le-Lay.*	1
Boissorin jeune, *id.*, ... *les Moutiers-sur-le-Lay.*	1
Maillot, maire, ... *les Moutiers-sur-le-Lay.*	1
Decret, capitaine de recrutement, *Bourbon-Vendée.*	1
Lair, sous-intendant militaire, . . *Bourbon-Vendée.*	1
Delagarde, procureur du Roi, . . *Bourbon-Vendée.*	1
Rezeau (Pierre), propr.re, *la Chaize-le-Vicomte.*	1
Lamoureux, épicier, . *Bourbon-Vendée.* .	1
Herbreteau, desservant, . . . *Vix.* . .	1
Quériau, percept.r des cont.ons direct.s, *Bordeaux.*	20
Les ingénieurs des ponts et chaussées du département de la Vendée.	4
Renolleau, curé, . *la Gaubretière.* . . .	1
M.me Desnouhes.	1
De Sapinaud (Prosper).	1
Borgnet de l'Epinay, *S.-Hilaire-de-Loulay.* .	1
Onillon, m.d de draps, . *Montaigu.* . .	1
De Sapinaud (Edouard), . *Bazoges.* . .	1
M.elle Bonnaventure.	1
M.me de Trogoff.	1

MM.		NOMB. de Médail.
Le chev.er de Sapinaud.		1
De Suyrot, maire, . . *Chambretaud.* .		1
Bouju, percepteur, *S.-Laurent-sur-Sèvre.* .		1
Gilardeau, maire, . . *Martinet.* . .		1
L'abbé de Chantreau, vicaire-général,	*Luçon.*	3
Valade, adjoint, ...	*Luçon.*	1
De Surineau, maire, ...	*Luçon.*	1
Le chev.er de Serin, adjoint, . .	*Luçon.*	1
De Buor, chanoine, ...	*Luçon.*	1
Bouteau, vicaire-général, . . .	*Luçon.*	1
Darnaud, chanoine, ...	*Luçon.*	1
De la Corbière, chanoine, . . .	*Luçon.*	1
D'Orfeuille, *id.*, ...	*Luçon.*	1
Grassineau, . *id.*, ...	*Luçon.*	1
Baudouin, curé, ...	*Luçon.*	1
Baudouin, supér.r du gr.d séminaire,	*Luçon.*	1
M.me de l'Epinay des Moulinets, ...		1
Inspection des Douanes des Sables.		
Rougelot de Lioncourt, s.s-insp.r divis.re, *Luçon.*		1
Garnier, vérificateur, *ibid.* .		1
Dubordieu, receveur, . *Puyravault.* .		1
Roy, *id.*		1
Rioux, visiteur, ...		1
Duplouy, receveur, . *Champagné.* . .		1

MM.		NOMB. de Médail.
Sabatier, receveur, .	*Saint-Michel.* . .	1
Raoulx, *id.*, . .	*l'Aiguillon.* . .	1
Gosselin, *id.*, ...	*Moricq.* . . .	1
Duverger, contrôleur de brigade, .	*Jard.*	1
Montannier, *idem*, .	*Saint-Michel.*	1
Buisson, cap.ne de douaniers, .	*Talmont.* .	1
Alexandre, lieut.t d'ordre, .	*Champagné.*	1
Caudron, *id.*, . . .	*Jard.* . .	1
Pasqueront, lieutenant, .	*Talmont.* . .	1
Chauveron, s.s-lieutenant, .	*ibid.* . . .	1
Lollier, lieutenant, . .	*Jard.* . . .	1
Perney, *id.*, ...	*ibid.* . . .	1
Lechevalier, *id.*		1
Goubajon, *id.*		1
Hubert, *id.*		1
Pelliot, . *id.*, . . .	*Saint-Vincent.* .	1
Lépine, . *id.*		1
Gaslonde, *id.*, .	*la Tranche.* . .	1
Bournac, sous-lieutenant, ...		1
Hérard, *id.*, . . .	*Jard.*	1
Rambaud, lieutenant, . . .	*Luçon.* . .	1
Barraud, *id.*, . . .	*Puyravault.* . .	1
Boissière, sous-lieutenant,	*Champagné.* . .	1
Boissard, préposé, . .	*ibid.*	1

MM.		NOMB. de Médail.
Brevet, lieutenant, .	*l'Aiguillon.* . . .	1
Dupont, préposé, . .	*ibid.*	1
La brigade de Moricq.		1
Blanchet, percepteur, .	*Noirmoutiers.* .	1
Porchier-Thibaudière, .	*le Gîvre.* . . .	1
Leforestier, percepteur, .	*Aubigny.* . .	1
D'Hastrel de la Chabossière, . . .	*Olonne.*	1
Jeannest de la Bauduère, ...	*Olonne.*	1
De Mandavy, recev.[r] des douanes, .	*Olonne.*	1
De Buor (Joseph), ch.[er] de S.-Louis,	*les Sables.*	1
De Fériet (Ferdinand), lieut.[t] au 6.e rég.[t] de la Garde royale.		1
De Fériet (Ernest), étudiant,	*les Sables.* .	1
De Buor aîné, ch.[er] de S.-Louis, cap.[ne] de vaisseau.		1
Mme de Cayron-Merville v.[ve] Buor,	*Olonne.*	1
Girard, desservant, .	*Olonne.* . . .	1
Mme Lucet, . .	*les Sables.*	1
Garnier, maire, . .	*Talmont.* . . .	1
Pickôme, s.[s]-commissaire de l'inscript.[n] marit.[e], . .	*les Sables.*	1
Benoit, trésorier des invalides de la marine,	*ibid.*	1
Hugues, s.[s]-commiss.[re] des classes,	*Noirmoutiers.*	1
Viaud Grand-Marais, préposé à la trésorerie de la marine, . . .	*ibid.* . .	1

MM.		NOMB. de Médail.
Auger (Augustin), adjoint, .	l'Ile-d'Yeu.	1
Abert (Joseph), off.r de la lég.n d'honn.r, chef de bataillon, ...	ibid. .	1
Lansier (Julien), employé des contributions indirectes, . . .	Cholet. . . .	1
Pignolet, maire, ...	l'Ile-d'Yeu.	1
Moizeau (Casimir), percepteur, .		1
Beick (M.in), chirurg.n-maj., ch.er de la lég.n d'honn.r, ...		1
Vrignaud (Jean), curé, . . .		1
Lansier (J.ques-René), desservant, .	S Hilaire-de-Riez.	1
Bremaud, maire, ...		1
Lardet, percepteur, ...		1
Loué (Victor), ...	Soulans. .	1
Mériaud (J.ques-Pierre), charpentier,	S.t-Hilaire.	1
Soulard (Joseph), lieut.t de douanes,		1
Guyon (Jean), ...		1
Benesteau (Louis), saulnier, . .		1
Guyon (Pierre), ...		1
Milcent (F.çois), maire,	Notre-Dame-de-Riez.	1
Gautté, colonel, ch.r de S.-Louis,	Commequiers.	1
Méchineau (Pierre), anc.n cap.ne de paroisse,	ibid.	1
Chaillou (Pierre), id., .	S.-Maixent	1
Gauvrit (Joseph), id., .	Apremont.	1

MM.	NOMB. de Médail.
Renou (J.q), anc.n cav.lier vendéen, *Commequiers*.	1
Bouin (Pierre), *id.*, . . *Apremont*.	1
Pateau (Jacques), *id.*, ... *ibid.* .	1
Villain, percepteur, . . *Saint-Gervais*.	1
Buor, maire, ... *Angles*. .	1
M.me Buor, propriétaire, . . . *ibid.* .	1
Gauvrit, . . . *Coëx*. . .	1
De Rorthais de la Savarière. . . .	1
Poissonnet (Louis), débit.t de tabac. *S.-Jean-de-Mont*. . .	1
Billon (M.rin), tisserand, . *ibid.* .	1
Jolly (Louis), maire, . *le Bernard*.	1
Genay, percepteur, ... *Mouilleron*.	1
Imbert, desservant, ... *Mouilleron*.	1
Mosnay, maire, ... *Mouilleron*.	1
Lelièvre, *id.*, . *les Épesses*. . .	1
Bineau, percepteur, . *ibid.* . .	1
Guillon, instituteur, . *Champagné*. .	1
Roulleau, percepteur, *Saint-Martin-Lars*. .	1
Giraud, subst.t du procureur du Roi, *Fontenay*.	1
Bertin, . . *Maillezais*. . .	1
Savary de Beauregard, maire, . . *la Châtaigneraye*.	1
Lenepveu, juge de paix, . . . *la Châtaigneraye*.	1
Dehargues, percepteur, ... *la Châtaigneraye*.	1

MM.		NOMB. de Médail.
Mercier, greffier de la justice de paix,	*la Châtaigneraye.*	1
Pouzin, fils, notaire, ...		1
M.me v.e Marchais née Moreau-Marillet,		1
De Fontaines, juge-auditeur,	*Bourbon-Vendée.*	1
Dupouet, notaire, .	*Mouilleron.* .	1
Giraudeau, prêtre, .	*la Châtaigneraye.* .	1
Dubois, percepteur,	*les Moutiers sur-le-Lay.*	2
Billon, *id.*, .	*Saint-Michel-en-l'Herm.*	1
Michelon, officier en demi-solde,	*ibid.* .	1
Macé, vic.re-gén.al, archiprêtre, curé,	*les Herbiers.*	1
Sauvageot, percepteur, . .		1
Morinière, chirurgien, . .		1
Morand (P.-D.-E.), greffier de paix,		1
Graffard, notaire royal, .	*les Herbiers* .	1
Bernard, sous-préfet, chev.er de la légion d'honneur, . . .	*Fontenay.*	2
M.me Bernard, . . .		1
De Vassé, député de la Vendée, maire,		1
Bréchard (Benjamin), 1.er adjoint,		1
Savary des Forges, conseiller m.cipal,		1
Robin, maire, .	*Chaix.*	1
Jacquier, *id.*, .	*le Gué-de-Velluire.* .	1
Le marquis de Châtaignier,	*S. Michel-le-Cloucq.*	1
Desnoulies père, maire, . .	*Pouzauges.*	1

MM.	NOMB. de Médail.
Bineau (Charles-Louis), desservant, *Antigny.*	1
Mayrand, maire, . . *les Magnils.*	1
Nau, *idem*, . . *Saint-Mesmin.*	1
Barrion, *id.*, . . *la Pommeraie.*	1
Vexiau, *id.*, ... *Réaumur.*	1
De Braucourt, *id.*, . *S.-Hilaire-du-Bois.*	1
M.elle de Cytoys de l'Épine, . *Puymaufrais.*	1
Biret, maire, ... *la Réorthe.*	1
Bonneau, *idem*, . . *la Jaudonnière.*	1
Maynard de la Claye, m.bre du cons.l g.al, *Corps.*	2
Mullon, chevalier de Saint-Louis, . *ibid.*	1
De Châtaignier, maire, *S.-André-sous-Mareuil.*	1
Savy, *idem*, *S.te-Gemme-la-Plaine.*	1
Mayrand, adjoint, . . . *ibid.* . . .	1
Giraud, maire, *S.te-Radégonde-des-Marais.*	1
Guillon, *idem*, ... *Champagné.*	1
Bernard (Victor), sec.re du s.-préfet, *Fontenay.*	1
M.me la baronne de Moissac, . . . *Paris.*	1
Morisset, receveur particulier, . *Beaupreau.*	1
De Montrond, direc.r des cont.ons ind.tes, *ibid.*	1
Le v.te Dupeloux, ch.er de S.t-Louis et de la lég.on d'honneur, . *Villefranche (Rhône).*	1
M.me Deluine-d'Angeline, . *ibid.* . . .	1
Lardière (Mathurin), . . . *les Brouzils.*	1

MM.	NOMB. de Médail.
Mercerot, huissier, . . . *les Herbiers.*	1
Martin (Jean), propriétaire, . *ibid.* . .	1
Giraud (Augustin), notaire royal, *Mortagne.*	1
Audureau (Louis), . . . *les Brouzils.* .	1
Potier (Louis), anc.^{n} lieut.^{t} vendéen, *le Poiré-sous-Bourbon-Vendee.*	1
Guillet (M.^{rin}), anc.^{n} vendéen, . *ibid.* .	1
Rouillé, juge de paix, . . . *Beauvoir.* .	1
Habert (Aug.^{te}), imprim.^{r}-lib.^{re}, . *Fontenay.*	1
Buor de la Couprie, maire, *Château-Fromage.*	1
Mme Buor née de la Fontenelle, . *ibid.* .	1
Robert du Botneau, . . *Fontenay.* . .	1
Ussault, juge de paix, . *Chantonnay.* .	1
Fleury la Caillère, père, . *Fontenay.* . .	1
De Ponsay, maire, . *S.-Mars-la-Réorthe.* .	1
Bouron, cons.^{er} hon.^{re} à la cour royale de Poitiers.	1
Mme Robert des Roches née de Chapelle, . . . *Mouilleron.* .	1
De Maquillé, député, . . *Angers.* . .	1
Le c.^{te} de Rieux-Songis, *Nueil-sous-les-Aubiers.*	1
Duplessis-Grenedan, sous-préfet, . *Bressuire.*	1
Dufougerais, insp.^{eur} des cont.^{ons} ind.^{tes}, *Paris.*	1
Grimouard de Villefort, . . . *Poitiers.* .	1
Mgr de Vareilles, anc.^{n} évêque de Gap, *ibid.* .	1

MM.		NOMB. de Médail.
Le comte de Castéja, préfet, .	*Poitiers*. .	1
Renaudin de Leigné, .	*Loumoy (Deux-Sèvres.)*	1
Mangin, procureur g al, ...	*Poitiers*.	1
Parrigot, conseiller à la cour royale,	*Poitiers*.	1
De Brunville, dir teur des postes, .	*Poitiers*.	1
De Lusignan, cap. ne d'état-major, .	*Poitiers*.	1
Vinet, maire, . . .	*Mouzeuil*. . . .	1
Baraud, desservant, . .	*ibid*.	1
Maublanc, cap. ne du génie, .	*les Sables*. .	1
Boisdron, contrôl. r des douanes,	*Commequiers*.	1
Blay, commis de marine, . . .	*les Sables*.	1
Libaudiere, syndic de la marine, .	*les Sables*.	1
Veillon, professeur d'hydrographie,	*les Sables*.	1
Lassimone, commis de marine,	*l'Isle-d'Yeu*.	1
Poiraud, syndic de la marine, .	*ibid*. . .	1
Delange, *idem*, . .	*Luçon*. . . .	1
Borgnet, *idem*, . .	*Moricq*. . .	1
Pouzin, maire, ...	*Montournois*. .	1
Baudry, desservant, ...	*ibid*. . .	1
Chevallereau, percepteur, . .	*ibid*. . .	1
Mady, maire, ...	*Saint-Aubin*. .	1
De la Boucherie, maire, .	*Saint-Denis*. .	1
Le baron de la Rochefoucault, .	*Paris*. .	4

MM.		NOMB. de Médail.
L. Thiballier, colonel du 52.e rég.^t^ de ligne.		1
Laurent, juge de paix, . *l'Isle-d'Yeu.*		1
Robouam, subst.^t^ du procur.^r^ du roi, *Saumur.*		1
De Bernon, propriétaire, . *Sainte-Hermine.*		1
Le ch.^er^ Legras, maire, . . *Tours.* . .		1
Jourdain de Villers, juge de paix, *Coulonges.*		1
Mme veuve de Beauregard née de la Rochejacquelein, ...	*Venansault.*	1
Guerry de Beauregard (Auguste),		1
Guerry de Beauregard (Tancrède),		1
Guerry de Beauregard (Jules-Marie),		1
De Montessuy, cont.^r^ des c.^tions^ dir.^tes^, *Bourbon.*		1
Mme de la Voyrie née d'Argouges, . *Nesmy.*		1
De la Liborlière, rect.^r^ de l'académie, *Poitiers.*		1
Le c.^te^ de Bagneux, préfet des Côtes-du-Nord, . . *Saint-Brieux.* .		10
De St-Sauveur, colonel command.^t^ la 9.e légion de gend.^rie^ royale, . . . *Niort.* . .		1
Paporet, direct.^r^ des domaines, *Bourbon-V.^dée^.*		1
Bouaissier, s.^s^-intendant militaire, . *ibid.* .		1
Chaugé, vicaire, ... *ibid.* .		1
Mgr l'évêque de Nantes.		2
Guignard, percepteur, . . . *Montaigu.* .		1
De Lauriston, receveur général, . *Nantes.*		1

MM.	NOMB. de Médail.
Le vicomte de Kersabiec, . . *Nantes.* .	1
De Couëtu, propriétaire, . . . *ibid.* .	1
Bériau, desservant, . *la Bernardière.* .	1
De Lanjamet, recev.r g.al, . *Ajaccio (Corse).*	1
Moulin de Rochefort, . . . *Paris.* . .	1
De Lespinatz, inspecteur des haras, *S.-Maixent.*	1
M.me Besnard, ... *Paris.* . .	1
Le c.te de la Rochejacquelein, maréc.l-de-camp, . . . *Paris.* .	4
M.me la comtesse de Dreux, . . *ibid.* .	1
De Vitré, lieut.-g.al, ... *Poitiers.* .	1
Le baron de l'Epinay, colonel de cuirassiers de la garde royale, . . *Paris.* . .	1
D'Abbadie, ... *ibid.* . .	1
De la Rochebrochard (Théodore), . *Niort.* .	1
Franchet, direct.r g.al de la police, . *Paris*	4
Garnier du Fougerais, questeur de la chambre des députés.	1
Le b.on de la Rochefoucault, pair de France, . . . *Paris.* .	4
Robert du Botneau (Charles), ...	1
Montault, juge, ... *Niort.* . . .	1
Ainsworth, m.bre de la société r.le des antiq.tés, . . . *Londres.*	1

MM.	NOMB. de Médail
Le b.[on] Duchesne de Denant (Florent), *Angers*.	1
Mgr de Beauregard, évêque d'Orléans. . .	1
Guerry, direct.[r] au ministère de la justice, *Paris*.	1
De Candé (Antonin), . . . *Angers*. .	1
Mainguy, ancien off.[er] vendéen.	1
Grandpré, payeur de la Vienne, . *Poitiers*.	1
De Cuissars, propriétaire, . . *Doué*. .	1
Mme de la Garde, propriétaire, . *Thouars*.	1
De Clabat, ancien officier vendéen. . . .	1
Filleau, conseiller à la cour royale de Poitiers.	1
Le marquis de Rancoigne, . . *Paris*. . .	1
De la Vallée, consul gén.[l] de France à Alger.	1
Bazin, courrier de Toulouse.	1
Picat, libraire, ... *Aurillac*. . .	1
Le Cointre.	1
Burey.	1
Sutaine de la Fontaine, . . *Rheims*. . .	1
Piecour. . . . . } *Paris*.	1
Le Brun, notaire royal, . . . } *Paris*.	1
Bellard, procureur général, . . } *Paris*.	1
Jallabert, notaire royal, . . *Nantes*. . .	1
D'Hautpoul, ...	1

Députés souscripteurs.

MM.	NOMB. de Médail.
Le m.is de Civrac, député de Maine et Loire.	2
Le c.te de Gontaut, . . de l'Orne. . .	1
Emonin, ... du Doubs. . . .	1
Le m.is de Ranchin, . . . du Tarn. . .	2
Paul de Châteaudouble, ... du Var. .	1
Miron de l'Epinay, . . . du Loiret. . .	1
De la Servette, ... de l'Ain. . .	1
De Miremont, ... de l'Isère. . .	1
De Chenevaz, ... *ibid.* . . .	1
Serpillon, ... de Saône et Loire. .	1
Davayé, ... *ibid.* . . .	1
Le c.te D'Haffelize, ... de la Moselle. .	2
Le c.te de la Potherie, . de Maine et Loire.	1
Le m.is de Villeneuve, . des Basses-Alpes. .	1
Le m.is de Chabrilland, . de la Drôme. .	1
De Longuève, ... du Loiret. .	1
De Vandœuvre, ... de l'Aube. . .	1
Hennessy.	1
De Monbrun, ... de la Haute-Vienne.	1
Du Mainiel de Liercourt, . . de la Somme.	1
Calemard de la Fayette, . de la Haute-Loire.	1
Le c.te de Caumont, . . de Tarn et Garonne.	1

Suite des Députés souscripteurs.

MM.	NOMB. de Médail.
Agier, député des Deux-Sèvres.	1
Chabrol de Chaméane, . . de la Nièvre. .	1
Mieulle, ... des Basses-Alpes. . .	1
Le c.te Partouneaux, ... du Var. . .	1
Le baron d'Anthès, . . du Haut-Rhin. .	1
Le v.te du Tertre, . . . du Pas-de-Calais. .	1
De Fontenay, . . de Saône et Loire. .	1
Le m.is de Flamarens, . . du Gers. . .	1
Le c.te de Courtivron, . . . de la Côte-d'Or.	1
Brusset, ... de la Haute-Saône.	1
Le chev.er de Berbis, . de la Côte-d'Or. .	1
De Mortillet, ... de l'Isère. . .	1
Le Chapellier de Grand-Maison, . . d'Eure et Loire.	1
Dumarché, ... de l'Ain. . .	1
Le m.is de Foucault, . de la Loire-Inférieure.	1
Le général Dupont, . . . de la Charente. .	1
Breton, ... de la Seine. . .	1
Le c.te de la Tour-du-Pin la Charie, . . Seine et Marne.	1
Le c. de Louvigny, . . . de la Sarthe. .	1
Duhamel du Fougeroux, . . . du Loiret. .	1
De Champflour, ... de l'Allier. . .	1

MM.	NOMB. de Médail.
Le m.[is] de Candau, député des Basses-Pyrénées.	2
Haudry de Soucy, . . de Seine et Oise. .	1
Hyde de Neuville, . . . de la Nièvre. .	10
Divers autres députés.	21
Ledoux, employé au trésor du Roi. . . .	1
Ferré, imprimeur-libraire, *Bourbon-Vendée.*	1

Total, ... 833 *Souscripteurs*,
qui ont demandé 1394 *Médailles*.

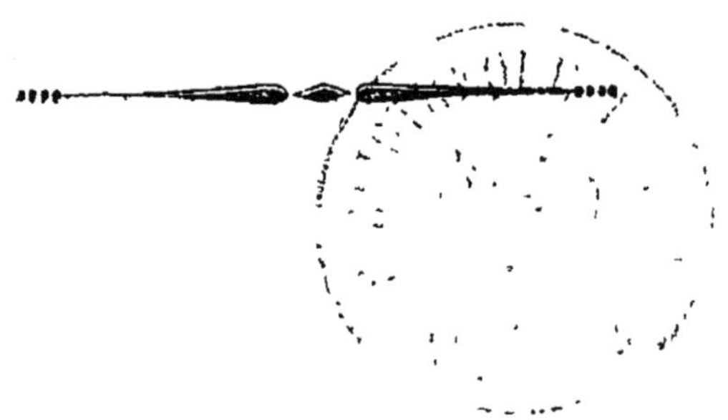

www.ingramcontent.com/pod-product-compliance
Ingram Content Group UK Ltd.
Pitfield, Milton Keynes, MK11 3LW, UK
UKHW012117240726
13965UKWH00005B/1812